LES TSIGANES

EN

MOLDAVIE ET VALACHIE

OUVRAGES DU MÊME AUTEUR

GÉRARD, LE TUEUR DE LIONS.

BIOGRAPHIE DU GÉNÉRAL NÉGRIER.

LE PREMIER COUP D'ÉPÉE DE MARCEAU.

PARIS. — IMPRIMERIE SIMON RAÇON ET Cᵉ, RUE D'ERFURTH, 1.

LES
ESCLAVES

TSIGANES

DANS LES PRINCIPAUTÉS DANUBIENNES

PAR

ALFRED POISSONNIER

PROFESSEUR DE LITTÉRATURE FRANÇAISE A BUCHAREST.

AVEC UNE PRÉFACE

DE

M. PHILARÈTE CHASLES

PROFESSEUR AU COLLÉGE DE FRANCE.

———————

PARIS

FERDINAND SARTORIUS, ÉDITEUR

9, RUE MAZARINE, 9

L'Auteur et l'Éditeur se réservent tous droits de reproduction.

1855

AVIS DE L'ÉDITEUR

On trouve dans la *Presse* du 5 octobre 1855 :

« Nous lisons dans une correspondance parisienne adres-
« sée à l'*Indépendance belge* que M. Alexandri, jeune boyard
« des principautés moldo-valaques, vient d'affranchir spon-
« tanément les *serfs* de ses domaines. Le même journal
« annonce aussi que M. Alexandri vient de fonder à ses
« frais, à Jassy, un recueil mensuel sous le titre de *La Rou-*
« *manie littéraire*. Plusieurs écrivains français doivent tra-
« vailler à cette publication. »

Nous avons pensé faire une œuvre utile en réimprimant une
brochure de M. Poissonnier, professeur de langue et de littérature françaises à Bucharest, sur ces peuples encore livrés
à l'esclavage dans les principautés danubiennes, et qui ne
sont autres que les frères de cette race *maudite* que nous nom-
mons en France des *Bohémiens*.

Il n'est pas de fraction de l'humanité, telle misérable,
dégradée, abjecte ou ignorante qu'on la suppose, qui ne
soit aujourd'hui un objet d'intérêt et de curiosité sympa-
thiques. Les relations futures des peuples entre eux auront pour base dans l'avenir le dogme de l'Unité humaine.

Aussi reçoit-on avec reconnaissance tous les nouveaux
renseignements, tous les documents authentiques apportés par les voyageurs, les philologues, les observateurs,
pour compléter cette vaste science de l'ethnographie,
peu avancée encore, mais qui chaque jour élargit son
horizon, assure ses bases, vérifie ses acquisitions, et
passe de l'hypothèse à la vraisemblance, de la vraisemblance à la certitude, en attendant le moment définitif où
toutes les lumières obtenues se réuniront en un foyer et
éclaireront, aux yeux du genre humain étonné, le passé
et l'avenir de ses destinées.

Voici un document curieux, relatif à l'une des plus douloureuses épaves de l'histoire, à ce fragment détaché de la souche hindoustanique, à ces vieux Parias de l'Inde brahmanique, qui, fuyant le glaive de Timour, se sont répandus sur la face de l'Europe, en ont effrayé, séduit ou amusé les populations, et, sous le nom de Tsiganes, Zingari, Bohémiens, Égyptiens, Gypsies, ont subi les persécutions les plus cruelles, sans jamais abdiquer leurs coutumes, leur idiome et leurs traditions. M. Poissonnier les a observés dans la région de l'Europe où leurs errantes tribus se sont multipliées avec le plus de fécondité et de liberté ; avant lui Grellmann et l'Anglais Borrow avaient étudié ce curieux phénomène sous les divers aspects de l'érudition et de la philologie. M. Poissonnier apporte des détails précieux et inconnus sur leurs migrations, leurs souvenirs, leurs mœurs présentes, le degré de civilisation qu'ils ont atteint ou qu'ils peuvent atteindre, et la législation singulière qui les régit.

Ces pauvres Tsiganes, comme le prouvent les recherches de Grellmann et de M. Poissonnier, appartiennent à la grande famille des races indo-européennes, qui, vers le septième siècle avant notre ère, pénétrèrent en Orient par la Perse, en Europe par la Grèce, et s'emparèrent de la suprématie intellectuelle du monde. Elles l'ont toujours gardée. Hellènes, Persans, Keltes, Italiens, Germains, Scandinaves partis, non ensemble et en masse,

mais à des époques diverses, des hauteurs de l'Hindou-
kousch et du Belourtag, sont venus développer la civilisation humaine, à laquelle les enfants de Cham et de Sem
avaient donné une impulsion grande et incomplète. De-
puis cette époque, le sceptre des arts et de la guerre, celui de l'administration et de l'industrie sont restés entre
leurs mains.

Quelques groupes, les Persans, les Grecs, les Romains,
dans le monde antique, — les Italiens, Espagnols, Français, Teutons, Anglais, Anglo-Américains, dans le monde
moderne, — ont pris les devants. D'autres sont restés en
route ; certains, après avoir vaillamment marché, se sont
reposés tout à coup et restent stationnaires ; d'autres,
comme les races slaves, sont arrivés tard ; quelques-uns,
les populations du Caucase, par exemple, n'ont point
quitté leur barbarie primitive. En dépit de ces retarda-
taires, la grande armée indo-européenne est en marche ;
elle accroît ses forces, multiplie ses ressources, envahit
la planète, s'assimile peu à peu toutes les races, les ci-
vilise ou les absorbe, s'empare de l'Océanie, de l'Australie, des deux Amériques, pénètre jusqu'aux pôles, et
accomplit son œuvre.

On verra dans le curieux traité de M. Poissonnier sur
les Tsiganes que la plus humble fraction de ces retarda-
taires indo-européens que nous signalions tout à l'heure
est encore de notre race, et que trois caractères spéciaux
et ineffaçables, — la beauté, — l'aptitude aux arts, —

l'organisation, — ne leur font point défaut. Puissent ces pages intéressantes de M. Poissonnier attirer l'attention sur eux ! Il aura fait une bonne œuvre, si l'on améliore et relève le sort de ces pauvres Tsiganes, bataillon perdu, épave de la grande armée indo-européenne qui marche aujourd'hui à la tête des destinées du genre humain.

PHILARÈTE CHASLES.

Paris. Institut. 20 octobre 1855.

Les historiens qui se sont occupés des *Tsiganes*
ou *Zingares* diffèrent d'opinion sur l'origine de ces
peuples et sur la date précise de leur migration.

Hérodote constate qu'à Colchos il existait de son
temps des esclaves aux yeux noirs et aux cheveux
crépus, assez semblables, par leurs mœurs, aux Tsiganes.

J.-P. Ludwig affirme avoir vu une chronique
prouvant qu'en 1250 il se trouvait, parmi les peuples de Bela IV, des hommes du nom de *Cingari* ou
Gingari.

Divers auteurs donnent pour origine à ces peuplades la Tingitane, les bords de la *Tusca* (Oued-el-Ber-
ber), non loin de la Mauritanie romaine. D'autres
les font descendre des Scythes Méotiens; plusieurs

cherchent même à prouver que ce sont des Tartares, des Zaporogues ou des Seljoucides, que l'on désignait encore sous les noms de *Kourgans* et *Skolotes*, appartenant à la grande famille des Mongols.

Tout en admettant qu'à des époques indéterminé et antérieurement à l'année 1399, diverses peuplades de Tsiganes soient venues se fixer en Europe, c'est seulement à partir de cette date qu'il est possible de les suivre historiquement, d'étudier leurs mœurs, en élaguant des chroniqueurs du moyen âge tout ce qui peut nuire à l'exacte appréciation de ceux qu'ils nommaient *Azinghans* et *Athingans*.

Mais, si une discussion peut s'établir sur la patrie originaire des Tsiganes, elle ne saurait sérieusement porter que sur la Lybie ou sur l'Hindoustan, sans que l'on puisse, dans cette dernière contrée, leur assigner le Multan ou le pays des Mahrattes comme point de départ.

En effet, au milieu de cette profusion de commentaires que nous possédons sur ce sujet, on ne saurait s'arrêter à l'opinion de Muratori, qui introduit les Tsiganes en Europe par l'Italie; et on doit rejeter également celle de Majole, qui les pousse de l'Espagne sur l'Europe, faisant de ces peuples des descendants des Maures?

Quant à l'historien Eckhart, il s'oublie jusqu'à confondre leur passage en Pologne avec leur point d'origine.

Les Scythes Méotiens, ou habitants du Palus Méotide (mer d'Azof), sont caractérisés par Plutarque de manière à ne laisser aucune confusion possible entre eux et les Tsiganes. Ces barbares furent constamment excités, dans leurs envahissements, par des causes matérielles et des passions guerrières; *stature, armes, langue, tout en eux était imposant;* leur peau n'était point olivâtre, mais basanée, leurs yeux étaient verts; les hautes forêts et les montagnes neigeuses leur étaient connues.

Tous les Tartares sont guerriers. Les Kourgans se distinguaient particulièrement par leurs excursions militaires, lesquelles suscitèrent, en Podolie, des soulèvements qui retentirent même en Occident.

Eh bien, nous ne rencontrons là aucun des caractères propres aux Tsiganes.

Si d'après leur teint olivâtre et leurs yeux noirs, si surtout à cause de leur existence nomade, on veut faire des Tsiganes des habitants de la Tingitane africaine, de nombreuses raisons détruiront de même cette supposition. La langue tsigane n'est point celle des enfants du désert; quoique nomades, ils n'ont point le caractère guerrier et vindicatif de ce peuple qui fournit autrefois des Micipsa, des Jugurtha, et a su enfanter encore de nos jours Bou-Maza et Abd-el-Kader.

Si l'on veut ensuite pénétrer dans les mouvements des races humaines, qui sont, en général, attirées les unes vers les autres en raison de la configuration du sol, on voit que tout peuple vivant dans l'isolement s'éloigne d'autant plus de l'unité sociale que sa situation géographique l'a placé hors du centre.

On a reconnu également que les peuplades des plaines brûlantes de l'Afrique, bien que soumises à un mouvement continu, ont cependant des limites qu'elles ne franchissent pas dans le flux et le reflux de leurs migrations.

La sobriété et l'usage de produits secs de la terre dans l'alimentation sont pour ces peuples des lois naturelles qui s'allient à leurs goûts, et les lois religieuses viennent encore affermir en eux ces tendances.

Les Tsiganes, au contraire, recherchent des aliments plus substantiels.

D'autres preuves, non moins concluantes, achèvent d'effacer toute probabilité d'origine en Tingitane. Le Tsigane n'a jamais refusé d'adopter la religion des peuples avec lesquels il a communiqué, et s'il n'a pas toujours été un observateur scrupuleux des pratiques religieuses, il n'a du moins jamais rejeté la consécration d'une religion, de préférence à une autre.

Cette souplesse de caractère ne se rencontre point chez le Numide. L'islamisme eût certainement enveloppé ces tribus dans sa fougue de prosélytisme qui satisfaisait particulièrement les instincts et les rêves des peuples rapprochés du désert. Cette transformation accomplie, les Tsiganes, fortifiés dans leurs croyances, eussent opposé des difficultés sérieuses à de nouveaux changements, suivant en cela l'exemple de tous les peuples qui se sont ralliés à l'islamisme.

Enfin, comme dernier argument, n'est-il pas permis de se demander comment les Tsiganes, organisés en caravanes de voyageurs, et nullement en caravanes guerrières, auraient pu traverser tant de contrées africaines où les luttes sont incessantes, où le fort impose toujours sa puissance au faible? Indubitablement ces caravanes eussent été arrêtées, asservies ou anéanties.

En venant, au contraire, de l'Hindoustan, ces peuples émigrants traversaient l'immense royaume des Séleucides, qui, comme on sait, ne coûta aux légions romaines que quatre cents hommes pour opérer à Magnésie la dispersion complète de la formidable armée d'Antiochus, sur ce terrain même où Ortogrul vint s'établir, entre Alep et Césarée, et qui fournit à Orcan, son successeur, l'occasion de menacer l'Europe, en offrant à sa marche un pays ouvert.

Ceux qui insistent pour une origine africaine des Tsiganes se sont-ils bien rendu compte de l'industrie de ces peuples, des métiers qu'ils exerçaient, des nécessités d'un développement civilisateur parmi eux? En supposant que les Romains aient laissé, dans ces contrées éloignées, tous les éléments propices à une régénération, où se trouvaient les débouchés? On sait qu'en Afrique les métiers sont exercés dans les pays de montagnes. C'est une loi, une nécessité qui a été consacrée par la nature. L'homme des monts, qui ne peut vivre des produits de la terre, les tire de la plaine pour les travailler, les manipuler, les transformer dans les lieux élevés qu'il habite.

Si enfin il ne peut vivre par son industrie dans son propre pays, ce montagnard va dans la plaine pour une saison, une campagne de labeur. Les Tsiganes, totalement adonnés aux métiers, n'ont donc pu tirer leur origine des plaines de la Tingitane.

Mais quelques traits de caractère, une certaine conformité naturelle, beaucoup de pratiques usuelles, rattachent les Tsiganes aux anciens habitants de la Lybie que l'on désignait sous le nom de *Psylles*.

Malheureusement, au rapport d'Hérodote et de Pline, ces peuples étaient détruits ou dispersés longtemps déjà avant ces auteurs. Caton d'Utique, guerroyant en Lybie, trouva bien, il est vrai, des Psylles pour le suivre dans ses expéditions, afin de le préserver des morsures des serpents. Mais ces charmeurs ne constituaient assurément pas un peuple.

Les débris de cette étrange nation qui se vouait aux jongleries, aux sortiléges, se retrouveraient-ils dans les sectes nommées *Derkaoua* et *Aïssaoua*, que l'on rencontre encore en Afrique?

La première a pour principe de refuser tout travail manuel comme étant une insulte à la Divinité. « L'homme a été créé, dit le Derkaoui, pour vivre de l'enfantement naturel de la terre. »

La seconde secte, nommée *Aïssaoua*, se livre aux enchantements, pratique des sortiléges.

Mais sont-ce bien les débris des Psylles de la Lybie, ou ne serait-ce pas encore l'une et l'autre des tribus errantes démembrées de ces Tsiganes de l'Hindoustan?

Le principe du Derkaoui a été et est encore admis par beaucoup de tsiganes : on l'a constaté ; les pratiques de l'Aissaoui sont l'apanage héréditaire de certaines tribus Tsiganes. Pourquoi ne retrouverait-on pas de ces pauvres Hindous en Afrique?

II

Rien d'étrange, d'anormal dans ces peuples. Ce sont les vivants témoignages des âges primitifs, des superstitions, des erreurs de l'enfance de l'humanité; mélange d'hallucinations et de réalités, de foi et de négation.

L'apparition des Tsiganes, vers 1399, devait être un sujet de curiosité et non d'épouvante, car ils avaient brisé les premières étreintes de la barbarie. Semblables à ces populations de l'Amérique que la brutalité de l'Espagne anéantit sous ses conquêtes, oubliant que déjà elles étaient en marche vers la civilisation, les Tsiganes, en se transplantant eux-mêmes au milieu de la race blanche, perdirent tous les éléments civilisateurs qu'ils croyaient apporter aux peuples de l'Occident.

Non ! leur origine ne saurait être douteuse. Les Tsiganes viennent de l'Hindoustan; car ils portent en eux, et avec eux, toutes les vérités et toutes les erreurs de ces peuples de l'Inde qui, en conservant notre langue primitive et en se développant dans des âges antérieurs, nous ont transmis tant de monuments du dérèglement de leur imagination.

Les Tsiganes sont bien les *Parias* de l'Hindoustan, mais en prenant ce nom de *Parias* avec la signification qu'il a dans ces contrées, c'est-à-dire des hommes séparés de la caste des grands par des métiers : des *Soudras* (agriculteurs); des *Pouranas* (malfaiteurs), chassés des *Zats* ou tribus; des *Vallouvers* (serruriers); des *Chakilis* (saveliers); des *Mautchiers* (tanneurs); des *Kallabantrous* (voleurs); des *Dambarous* (mendiants et jongleurs); enfin des *Otters* (travailleurs nomades).

Toutes ces castes ou *Zats* sont, dans l'Hindoustan, sous la domination des brahmes, et tellement méprisées, qu'aucun de ses membres ne peut être admis, même comme domestique, dans la demeure d'un noble.

Les métiers apportés en Europe par les Tsiganes se trouvent concorder avec ceux que pratiquaient alors dans l'Hindoustan les Parias; leurs connaissances sont les mêmes; et leur langue vient, d'une manière irrécusable, confirmer cette opinion.

L'historien Thomasius n'en persiste pas moins à dire avec naïveté : « Les Bohémiens (Tsiganes) se « prétendent originaires de la basse Égypte; en cela

« ils doivent être crus, *car ce sont d'honnêtes et bra-*
« *ves gens.* »

Andreas (*in Chron. Bavar.*, page 112) est de l'avis
de Thomasius, il s'exprime ainsi sur les Tsiganes :
« *Eodem anno* 1455, *venerunt ad terram nostram qui-*
« *dam de populo Cinganorum qui dicebant se esse de*
« *Ægypto.* »

Kranz, Aventin et Münster adoptent la même opinion. Aventin ajoute durement : « *C'est une horde*
« *de bandits venus des frontières de la Hongrie et*
« *de la Turquie.* »

Comme on voit, les écrivains qui ont parlé des
Tsiganes diffèrent de sentiments non-seulement sur
leur origine, mais encore sur leur caractère.

Grellmann, dont nous suivons ici les données,
après avoir fait remarquer que l'Égyptien est particulièrement adonné à l'agriculture, tandis que le
Tsigane est spécialement appliqué à la pratique des
métiers, fait ressortir l'analogie de la langue tsigane avec le sanscrit.

Dans ces deux langues, on ne rencontre que deux
genres. L'une et l'autre forment les noms masculins
en féminins par le changement de l'*a* en *i*.

Dans une nomenclature de mots hindous mis en
parallèle avec les mots de la langue tsigane, Grellmann en trouve un tiers au moins qui concordent
parfaitement, et il explique facilement les quelques
différences qui se rencontrent dans les autres par

le contact des peuples divers avec lesquels les Tsiganes ont été en rapport. Ainsi les Tsiganes nomment leur langue *Rommany*, et les Valaques désignent leur langage par le nom de *Limba Roumanesca* : n'y a-t-il pas entre les termes *Rommany* et *Roumanesca* une certaine analogie?

III

On fixe approximativement l'époque du débordement des Tsiganes sur l'Europe à l'année 1399.

Opprimés dans l'Hindoustan, voulant fuir une patrie ravagée par Timour (Tamerlan), les Tsiganes pensèrent que, dans des régions éloignées, sans autres armes que leurs métiers, ils pourraient faire la conquête d'un pays moins civilisé que le leur. D'après ce que leur avaient appris des bruits lointains, de vagues rumeurs, les contrées occidentales étaient des mondes nouveaux que leurs pauvres outils, leur grande activité devaient subjuguer.

Ces illusions ne sont ni plus incompréhensibles, ni moins saisissables que celles qui ont entraîné, à notre époque, vers des cieux inconnus, les peuples civilisés.

Chaque jour, comme au temps des migrations antérieures, ne voyons-nous pas des familles, des peuples entiers fuir la patrie qui les a vus naître, pour aborder les prairies de l'Amérique du Sud, les forêts de la Louisiane, les déserts de l'Algérie, les *placers* de la Californie et de l'Australie?

Les Tsiganes, en arrivant en Asie, se divisèrent pour se diriger ensuite suivant deux courants : l'un se porta vers le nord, après être descendu dans la Colchide et la Crimée; l'autre gagna l'Afrique septentrionale.

Quelques-uns ne voulurent point abandonner les bienfaisants rayons du soleil qui les avait vivifiés, tout en reconnaissant de grandes difficultés à vivre par masses compactes.

Ces divisions se fortifièrent sans doute par des rivalités entre les chefs, désireux de rompre une communauté d'intérêts qui froissait des ambitions particulières; et, sous ces agitations humaines, n'est-il pas permis de voir ce jeu providentiel du classement des races, ce mouvement incessant des hommes et des choses, dont le mélange et le fractionnement continus semblent une des lois de la sagesse divine?

En Asie et en Égypte, les colonnes mobiles de Tsiganes purent se développer sans grand obstacle dans leur marche; car, dans ces contrées, l'immensité des plaines les fait regarder comme des chemins frayés en tout sens; mais, au fur et à mesure qu'elles approchaient de l'Europe, ces masses se divisèrent, se fractionnèrent même par tribus, groupes, familles, professions ou corps de métiers.

C'était une nuée de misérables gens fort marcheurs, ayant pauvres hardes, mais bon œil et mains alertes. On ne voyait point sur eux la lance des Kourgans, la hache celtique ou le bouclier des Cimbres et des Teutons. Bien différents des terribles habitants des prairies décrits par Cooper, tatoués et chargés de chevelures humaines, ils n'avaient qu'une seule affinité, l'*olfaction*, avec les fiers guerriers des Apalaches dont parle Ferry.

Ces masses se composaient de pauvres ouvriers en serrurerie, en charronnage, avec des chercheurs d'or, des coureurs de bois, des danseurs, des musiciens, des jongleresses, des sorcières. Les hommes portaient des sacs de cuir sur leurs épaules nues, quelques outils; les femmes traînaient avec elles des enfants qui suçaient le lait de leurs mamelles pendantes; sitôt qu'ils pouvaient marcher, ils couraient aux buissons, ils montaient aux arbres pour y dérober quelques fruits. Les hommes tuaient sur leur route les animaux de toute espèce qu'ils rencontraient, pour s'en sustenter. Puis toutes ces petites caravanes campaient dans les champs ou dans les forêts, ne sollicitant qu'une chétive nourriture, allant de place en place, de pays en pays, à pied ou sur de maigres cavales chargées des bribes de leurs pénates. Peuple de gueux, mais peuple actif, qu'une musique bizarre, saccadée, égayait encore dans ces longs pèlerinages.

L'auteur de *Notre-Dame de Paris*, qui fait des

Tsiganes une peinture originale, nous montre claire-
ment que les chefs se donnaient des titres de *comte*
et de *duc*, et que leur connaissance des sciences
occultes était assez appréciée.

« Il arriva un jour à Reims, dit-il, des espèces de
« cavaliers fort singuliers. C'étaient des gueux et
« des truands qui cheminaient dans le pays, con-
« duits par leur duc et comte. Ils étaient basanés,
« avaient les cheveux tout frisés et des anneaux
« d'argent aux oreilles. Une bande d'excommuniés!
« Tout cela venait en droite ligne de la basse Égypte
« par la Pologne. Le pape les avait confessés, à ce
« qu'on disait, et leur avait donné pour pénitence
« d'aller sept ans de suite dans le monde sans cou-
« cher dans des lits : aussi ils s'appelaient *penan-*
« *ciers;* ils disaient des prophéties merveilleuses. »

Quoique Guy d'Agde prétende que toute leur
science magique consistait en deux ou trois mots
d'un jargon barbare qu'ils appliquaient à tout, il est
permis, sans s'arrêter à leurs pratiques vulgaires,
de leur supposer certaines connaissances en magie.
La Gaule avait hérité, comme toutes les possessions
romaines, des superstitions italiques, et, après avoir
admiré les secrets de Cornélius Agrippa, et les dix
preuves en sorcellerie de Gisbert Vœtius, il fallait,
à leurs continuateurs tsiganes, des preuves fasci-
natrices, des opérations réellement merveilleuses,
pour entraîner, non pas seulement la foule, mais
les grands et les lettrés, vers cette croyance sur
laquelle Regnault basa son traité en 1541.

D'ailleurs, tous les Tsiganes ne s'adonnaient pas aux sorcelleries. C'était le privilége de certaines familles et de quelques individus; mais, comme les récoltes étaient plus abondantes pour ceux-là que pour les gens de métiers et de labeur, beaucoup de Tsiganes empruntèrent les formes extérieures des magiciens, des sorciers, pour vivre sur l'ignorance populaire, en bravant même les persécutions.

Et puis, les Tsiganes ne purent pratiquer leurs métiers de forgerons, de serruriers, de charrons et autres dans la plupart des pays de l'Occident. Les maîtrises existaient, et les chefs de ces diverses corporations avaient alors entre eux des signes de reconnaissance, une initiation. Les profanes, les étrangers, n'avaient aucuns droits ni aucune liberté d'action; ils ne pouvaient travailler sans l'assentiment des corporations établies. Or, cette permission, les Tsiganes ne l'obtinrent presque jamais, même pour des travaux rebutants.

IV

Si des haines existaient déjà entre provinces,
elles se manifestaient à bien plus forte raison entre
nations sous l'apparence religieuse. Le pape Paul II
ayant anathématisé Podiebrad, prêché même ouver-
tement une croisade contre la Bohême, dès lors,
pour tous les peuples catholiques, l'homme qui ne
pratiquait pas leur culte fut un *Bohémien*, ce qui
explique ce surnom donné aux Tsiganes.

Les dénominations de *Gitanos* en Espagne, de
Gypsies en Angleterre, de *Heidenen* en Hollande, ont
surtout pour but de qualifier des idolâtres, des gens
sans foi ni loi, selon le dicton populaire. Les Hon-
grois, qui participèrent plus directement et plus vi-
goureusement aux croisades, les surnommèrent *Pha-
raonites*, peuples de Pharaon. Ce mot de *Tsiganes*,

que nous empruntons à la langue valaque pour désigner ces pauvres gens, ces esclaves, ne tend également qu'à caractériser des idolâtres.

Selon Jean de Muller, des bandes de Tsiganes commencèrent à pénétrer en France et en Suisse dès 1422 et 1427, sous la conduite de ducs et de comtes. D'après Stumpf, on en vit même dès 1418, et leurs comtes et ducs avaient une suite de chevaux, de mulets et de chiens. En cherchant à imiter ainsi les allures de la noblesse, en se couvrant de titres d'emprunt, ces chefs tsiganes pensaient pouvoir protéger plus efficacement leurs peuplades. Ce ne fut point vanterie, mais nécessité.

Plusieurs souverains, dans des cas urgents, ayant utilisé ces travailleurs, daignèrent ensuite les couvrir de leur protection spéciale.

En 1496, Vladislas de Hongrie donna à un de ces chefs un rescrit ainsi conçu :

« *A tous nos officiers et sujets, de quelque rang*
« *qu'ils soient, ordonnons d'accorder partout une*
« *libre résidence à Thomas Polgar, chef de vingt-*
« *cinq tentes de Bohémiens ambulants, et de ne mo-*
« *lester en aucune manière ni lui ni ses gens, vu*
« *qu'ils ont fabriqué à Funfkirchen des balles de*
« *mousquet et autres munitions de guerre pour*
« *l'évêque Sigismond.* »

Les Turcs, qui les nomment *Arami* et *Tchingenès*, leur accordèrent, dès 1565, des priviléges, notam-

ment Mustapha, gouverneur de Bosnie, qui, assié-
geant Crupa, se fit fabriquer de la poudre par des
Tsiganes.

Ceux qui se livraient à la musique et à la sorcellerie recevaient aussi parfois des récompenses.
On cite particulièrement, au milieu du dix-huitième
siècle, un nommé *Barnamihaly*, qui, en Hongrie,
se distingua comme musicien dans la chapelle du
comte Emeric Czaky, et fut même regardé comme
un artiste de mérite.

Mais les Tsiganes eurent le plus ordinairement à
subir des persécutions. Les états généraux de France
les proscrivirent en 1560, eux et leur postérité.
Cette loi rigoureuse n'eut pas d'application prolon-
gée, car ils purent ensuite s'établir à la Chapelle-
Saint-Denis, comme ils continuèrent à traverser
diverses provinces et à séjourner même dans la
Lorraine, l'Alsace, le Poitou, le Limousin, la Pro-
vence. De ces points divers, leurs nombreuses
caravanes inondèrent l'Espagne, s'établirent en
Murcie, aux environs de Cordoue, de Cadix et de
Ronda.

L'Espagne, par son climat, la grande liberté ac-
cordée aux pèlerins, fut un séjour envié par les Tsiganes. Ils y devinrent moins nomades. Ils fixèrent
dans diverses provinces des campements d'où ils
préparaient les caravanes qui allaient exploiter l'in-
térieur et l'extérieur du pays ; de là ils parcouraient
les fêtes de Nîmes comme jongleurs, musiciens et
mendiants, et se rendaient aux foires de Beaucaire

comme maquignons, marchands de chapelets, fabricants de cuillers.

En Espagne, ils suivaient les marchés, les représentations dites *autos sacramentales*, et là encore ils exploitaient le bas peuple en pratiquant la sorcellerie, dansant ou faisant de la musique. Leur nombre s'accrut tellement dans ce pays, que Swinburne pense que leur sortie de cet état occasionnerait une diminution sensible sur la population.

Dans ce royaume, ils préféraient l'Andalousie, ce pays du fier coursier, où ils pouvaient fructueusement se livrer au maquignonage. Les historiens espagnols les représentent comme combattant en Parthes, seulement pour se protéger dans la retraite. Leurs chants traditionnels attestent cependant des exploits héroïques. Dans toute *sierra* où ils établissaient leur campement, ils abattaient le chêne et le convertissaient en charbon. Après avoir allumé le brasier dévorant à l'aide de l'énorme soufflet, ils jetaient le métal sur l'enclume, et, admirant les myriades d'étincelles qui jaillissaient autour d'eux, ils chantaient en chœur :

Bus de gres chalabas or chiais, etc.

Chaque bande, là encore, avait son comte ou capitaine, le plus fort et le plus brave, suivant Juan de Quinones. Ce chef jouissait du privilége de la chasse au chien et au faucon, sur les terres d'autrui, bien entendu, car c'étaient de véritables dépossédés.

Martin del Rion, dans son *Tractatus de magia,*

parle d'une grande révolte de Gitanos, en 1584, qui s'apaisa tout à coup par la puissance d'un de leurs comtes, qui passait, eu égard à sa science, pour un grand sorcier. C'est surtout en Espagne que les Gitanos furent accusés de magie, et, dans cette contrée, la foi en la science des Tsiganes s'était étendue du peuple à la haute noblesse.

Guevarra, lors de l'héroïque résistance des *comuneros*, n'écrivait-il pas à la compagne de Juan de Padilla la lettre suivante?

« On sait, Madame, que vous avez auprès de vous
« une sorcière qui vous a promis que dans peu de
« jours vous seriez appelée *haute et puissante dame,*
« et votre mari *altesse.* »

Don Juan de Quinones, après avoir dénaturé leurs mœurs, les accuse en outre de cannibalisme; mais ses preuves sont si puériles que nous ne voulons le réfuter qu'en le reproduisant :

« Un berger de Cadix s'étant égaré, dit-il, ren-
« contra une bande de Gitanos qui l'invitèrent à
« s'asseoir auprès de leur feu et à souper avec eux;
« mais il les entendit se disant : *Voilà un camarade*
« *passablement gras.* » Sur quoi le berger, ayant feint d'avoir grande envie de dormir, s'esquiva sans bruit, et alla raconter à l'historien don Juan de Quinones l'anthropophagie des Gitanos.

L'Italie fut aussi pour les Tsiganes un pays de prédilection; cependant, durant de longues années, il ne leur fut pas permis dans cette contrée de séjourner dans la même localité; mais ces pauvres *penanciers* s'étant confessés et faits catholiques, on leur accorda repos et aumônes.

Sur tous ces points d'agglomération, les Tsiganes se donnèrent des chefs dont l'autorité et le titre s'accrurent en raison de leur propre importance.

En Courlande, on voit encore un voïvode qui jouit, comme ses prédécesseurs, non-seulement d'un grand pouvoir sur les Tsiganes, ses sujets, mais aussi d'une haute considération parmi la noblesse courlandaise.

Les Tsiganes russes occupent quelquefois une situation élevée dans l'échelle sociale, car ce ne sont ni des vagabonds ni des proscrits incapables de comprendre les bienfaits de la vie sédentaire. Plusieurs rivalisent avec la haute noblesse moscovite par l'extérieur comme par les qualités intellectuelles. Sans nul doute, c'est aux charmes de la femme de la colonie des Tsiganes qu'il faut attribuer le mérite de quelques affranchissements; mais, une fois admis à la sociabilité, ils s'en montrent dignes, on ne saurait le contester.

C'est surtout dans l'art musical que les Tsiganes de Russie se font remarquer, et, à ce sujet, nous trouvons un fait qui nous semble assez curieux pour que nous le reproduisions.

Madame Catalani venait d'enchanter un auditoire brillant au théâtre de Moscou lorsqu'une femme de race tsigane s'avança à son tour sur la scène et se fit entendre. L'enthousiasme avait soulevé de vifs applaudissements après le chant de la cantatrice italienne; mais, après celui de la fille du paria, l'émotion s'exprima par des larmes. Madame Catalani pleurait comme ses admirateurs.

Les persécutions exercées contre eux en France et en Danemark poussèrent les Tsiganes en Suède, en Russie, en Angleterre. Ils eurent cependant peu de repos dans ce dernier royaume, car Henri VIII, en 1531, et Élisabeth, en 1563, les proscrivirent; ils allèrent alors se cacher dans les montagnes d'Écosse, où, grâce aux rivalités politiques, ils purent se rendre utiles.

Les musiciens connus sous le nom de *bazigurs*, et dont parle Richardson, sont Tsiganes. Au nord comme au midi, ils adoptaient les lois, les coutumes religieuses du pays, et soumettaient leurs chétifs instruments à l'enthousiasme ou à la mélancolie des peuples. A l'instar des *trouvères*, ils allaient de châteaux en châteaux jouer des ballades, chanter les preux, ou dans les fêtes, sous les vieux arbres, faire danser les villageois. On les trouvait dans les *posadas* espagnoles, comme sur les lisières des grands bois. Ils pliaient leurs chants à la hardiesse d'Ossian ou à la tristesse d'Young dans la vieille Angleterre.

Dans cette contrée, leur obstination a triomphé de la loi, et, à l'heure qu'il est, ils vivent comme une race privilégiée, en pratiquant les métiers de maquignons, de vétérinaires, de chaudronniers et de musiciens, pendant que les femmes disent la bonne aventure.

Le climat de l'Angleterre s'est montré favorable au développement de leurs belles formes. Les hommes sont plus grands de taille que les paysans anglais et surtout beaucoup plus actifs; la grâce et l'aisance distinguent même leurs gestes.

Wil, autrefois chef du clan de Young, fut un boyard ayant une grande renommée dans le sud de la Grande-Bretagne.

Le savant John Selbourn, qui a fait la remarque que les Tsiganes d'Angleterre choisissent souvent pour leurs enfants le nom de Curraple, veut trouver à ce mot l'étymologie grecque Κύρρα πόλις, tandis que, dans la langue sanscrite, il signifie simplement *forgeron*.

Nonobstant les persécutions, la haine, le mépris, les Tsiganes ne disparurent point des contrées du Nord. En 1781, les magistrats de Northampton s'étant avisés d'en faire arrêter quelques-uns, ils obtinrent la liberté de leurs camarades en menaçant d'incendier la ville.

En 1825, dans le camp de Bestwodlane, près de Nottingham, leur chef étant mort, ils lui firent des funérailles pompeuses, et replacèrent à leur tête sa jeune et belle fille.

En témoignage de leur proscription, on cite un acte du parlement anglais, passé la vingt-huitième année du règne de Henri VIII, dans lequel on lit :

« Comme un certain peuple étranger qui ne pro-
« fesse aucun commerce ou métier pour exister,
« mais court en grand nombre de lieu en lieu,
« emploie secrètement des moyens insidieux pour
« corrompre les sujets de Sa Majesté, en leur faisant
« croire qu'il possède l'art de dire la bonne aven-
« ture en considérant les mains, et leur enlève ainsi
« leur argent; qu'il se rend pareillement coupable
« de filouterie et de vol sur les grands chemins; il
« est ordonné par la présente que ces vagabonds,
« communément appelés *Gypsies*, soient poursuivis
« comme voleurs et vauriens s'ils restent au delà
« d'un mois dans le royaume, et ceux qui feront
« entrer un de ces Gypsies seront condamnés à
« payer quarante livres sterling pour chaque con-
« travention. »

V

Ce qui étonne, parmi toutes les imputations lancées contre les Tsiganes, ce sont celles de passions criminelles, de brigandages, de moyens de sorcellerie violents, ayant, par exemple, les caractères de la faiblesse atroce de ce Sextus, fils du grand Pompée, qui, pour les divinations, fouillait dans les entrailles des enfants, et dont l'historien don Juan de Quinones se plaît à surcharger ses descriptions.

On ne saurait repousser avec trop d'énergie ces accusations imaginées par l'esprit fanatique des peuples du moyen âge; suppositions qui contribuèrent à faire jeter l'anathème sur les Tsiganes et à les faire persécuter. On les accusa aussi d'enlever les enfants, parce qu'on trouva dans leurs caravanes des enfants illégitimes que l'on préférait leur confier plutôt que de les abandonner sous les porches des églises, comme cela se pratiquait encore en France en 1640, et même beaucoup plus tard, ainsi que le prouve l'histoire de d'Alembert.

Les persécutions durent nécessairement faire prendre à leurs habitudes nomades un caractère plus raffiné de déprédations. Ils devinrent d'adroits voleurs; mais leurs vols n'avaient d'autre but que de satisfaire aux nécessités de l'existence, à laquelle ils ne pouvaient pourvoir par la pratique des métiers, qui leur étaient interdits.

Si quelques crimes isolés sont venus justement exciter contre eux la haine des peuples, un examen attentif fera bientôt reconnaître que les Tsiganes ont toujours été loin de commettre tous les actes coupables et criminels qui découlent ordinairement des mœurs extrêmes, barbarie et civilisation.

On peut même dire que si le sentiment de la vengeance ne s'est point développé en eux, c'est que réellement ils sont doués d'un naturel très-doux, car il suffit de lire une des sentences rapportées par Matthæus, pour reconnaître que toute justice à leur égard avait le caractère de la persécution :

« La cour, en 1582, ordonna de fouetter jusqu'au « sang un Bohémien qui ne s'était point soumis à la « loi du bannissement. On lui fendit ensuite les na- « rines, et après lui avoir rasé la barbe et les che- « veux, on le transporta hors du territoire. »

L'Allemagne surtout, où la lutte religieuse était

extrême, lança contre eux plusieurs sentences d'exil.
Maximilien Ier en donna l'exemple à la diète d'Augs-
bourg, en 1500, par l'article suivant :

« Quant à ceux qui se disent eux-mêmes *Bohé-*
« *miens* et qui courent le pays, il est strictement or-
« donné, par un édit public, aux personnes de tout
« rang de l'Empire, en vertu des obligations où elles
« sont envers Nous et le Saint-Empire, de ne point
« permettre à l'avenir que lesdits Bohémiens, qui,
« d'après des preuves authentiques, sont des espions
« qui trahissent les Chrétiens auprès des Turcs, de-
« meurent ou passent sur notre territoire, y travail-
« lent, y trafiquent, et moins encore soient protégés
« et obtiennent sauvegarde.

« Il est ordonné aussi que lesdits Bohémiens
« quittent, avant Pâques prochain, l'Empire d'Alle-
« magne, et dans le cas où ils contreviendraient à
« cet ordre, après le temps prescrit, ils ne pourront
« obtenir aucune satisfaction s'ils se trouvent mo-
« lestés par quelqu'un de nos sujets, et celui-ci ne
« sera pas regardé comme ayant commis un délit. »

Les diètes de 1530, 1544, 1548 et 1551 s'occu-
pèrent aussi de pénalités à appliquer aux Tsiganes ;
et l'ordonnance de Maximilien Ier fut de nouveau
promulguée à Francfort en 1577.

L'impératrice Marie-Thérèse, dont tous les actes
sont empreints de sagesse et de grandeur d'âme,
comprit qu'il valait mieux utiliser les Tsiganes que
de les proscrire. L'intelligence, la dextérité, l'air

ouvert de ces parias, lui donnèrent à penser que la vie nomade, sans Dieu ni foyers, n'était pas une vie de *prédestination*. Malheureusement, l'exécution de l'internement entraîna des abus, des brutalités : on arracha violemment l'enfant à sa mère, le vieillard à son fils ; et, sans tenir compte des aptitudes spéciales des diverses tribus et caravanes, de tous on fit des agriculteurs. Afin d'enlever de la mémoire des peuples le nom de Tsiganes, on ordonna de leur appliquer celui de *Uj Magyars* (nouveaux paysans).

Ces prescriptions, douloureuses dans le principe, eurent néanmoins des résultats favorables. On trouve maintenant en Transylvanie et sur divers points de Hongrie, des villages de Tsiganes vivant comme tous les agriculteurs.

Dans ce dernier royaume, on avait admis pour eux un serment judiciaire particulier ; Zirmay nous l'a transmis :

« Comme Dieu a noyé le roi Pharaon dans la mer
« Rouge, ainsi soit englouti le Tsigane dans les abî-
« mes de la terre, et qu'il soit maudit, s'il n'avoue
« la vérité. Que jamais un vol, un trafic ou toute
« autre affaire ne lui réussisse. Au premier trot,
« que son cheval se change, d'une manière miracu-
« leuse, en un âne ; que lui-même soit attaché à la
« potence par la main du bourreau. »

Par ce qui précède, il est facile de se convaincre que les persécutions ne firent point des Tsiganes des sujets rebelles. Loin de répondre aux lois injustes qui les frappaient, par la vengeance, ils se replièrent sur eux-mêmes et cherchèrent à les fuir sans jamais les braver. Leurs rapines, incontestables en plusieurs lieux, semblent avoir pour excuse le besoin de satisfaire aux nécessités de la vie, et toujours on les vit recourir au travail pour assurer leur existence, lorsqu'on leur en laissa les moyens.

VI

Les contrées où l'on peut le mieux étudier les Tsiganes sont les principautés de Moldavie et de Valachie, où leur nombre s'élève à plus de cent cinquante mille.

Leur activité incessante, leur intelligence précieuse, embrassent là toutes les branches de l'industrie. Ils dorment en plein air, sous quelques huttes, dans des *bordeils* insalubres, et cependant ce sont eux qui construisent les vastes demeures des boyards. S'ils plongent dans les rivières de l'Oltez ou de la Yalomitza pour retirer l'or qu'elles contiennent dans leur sable, à peine ils recueillent de leurs travaux pénibles de quoi subsister.

Tous les objets d'utilité, quelquefois même les objets de luxe, sortent de leurs mains, et pour tant

de labeurs, ils obtiennent à peine le simple néces-
saire.

Ce sont encore aujourd'hui, ainsi que les peignait
autrefois Pasquier, ces mêmes Bohémiens « ayant
pour signes distinctifs des boucles d'oreilles comme
les sauvages, et qui, pendant que tous les autres
peuples gravitent vers l'aisance, le bien-être ou la
fortune, restent nus, souffrants et esclaves. »

Ils tombèrent dans les contrées danubiennes comme
une pluie de sauterelles, vers 1417. Les deux prin-
ces Marcea et Alexandre, voyant en eux des travailleurs, leur donnèrent non-seulement l'espace et l'air,
mais encore les matières propres à leurs travaux. On
ne songea point alors à les interner ou à les réduire
en esclavage; mais Marcea, qui avait organisé mili-
tairement le pays, et couvert toute la contrée de *tur-
guri*, en prit un grand nombre à sa solde comme *sa-
trari* et *corturari* (dresseurs et gardiens de tentes).
Leur adresse et leur activité les mirent bientôt au ni-
veau des Clacasi, quoique ces paysans aient dédaigné
longtemps de communiquer avec eux.

« Jamais la prière, disent encore les Valaques, n'a
« passé sur les lèvres des Tsiganes, et leur église
« ayant été construite en *brenza* (fromage blanc), les
« chiens l'ont mangée. »

Ce dédain des pratiques religieuses ne s'est pourtant point manifesté assez hautement pour qu'on
leur en puisse tenir rigueur, car il nous a été per-
sonnellement permis de constater chez eux, en

maints endroits et en maintes circonstances, une foi patiente et douce. Si le mot *fatalité* s'échappe parfois de leurs lèvres, c'est qu'après avoir adopté la religion chrétienne, il ne leur a pas été donné pour cela de vivre, comme les autres hommes, sous la loi commune.

Les franchises dont ils jouirent d'abord en acclimatèrent un grand nombre en Moldavie et en Valachie; et lorsqu'à la suite de guerres prolongées et de dissensions intestines, l'esprit national se fut affaibli dans ces contrées; quand la force vitale du pays eut disparu, il se trouva, en **1570**, que la seule population encore active, encore nombreuse, fut celle des Tsiganes.

C'était là un résultat tout naturel; les Tsiganes, mis en dehors de tous les mouvements militaires qui avaient décimé la population, en profitèrent, intérieurement, pour nommer un *potcovar* (maréchal ferrant) prince en Valachie. C'était l'avantage de la force sur la faiblesse, une violence faite à l'esprit national, aux habitudes, à la valeur même, qui formait, en ce temps-là, la première noblesse. Les Tsiganes cependant ne purent maintenir longtemps ce chef, et le signe de leur audace fut peut-être la cause première de leur esclavage dans les Principautés.

Nous n'avons rien de précis, de positif sur la date de leur servitude dans ces contrées. On pourrait néanmoins, à la suite de malheurs qui semblent s'enchaîner, assigner pour ce fait le règne de Mihna, qui a été surnommé *Nevasta* (néfaste) ; mais telle n'est point en Valachie la donnée historique ou plutôt la légende populaire qui se rapporte aux Tsiganes.

Un Brancovan, de cette puissante famille dont la souche est historique, et qui a contribué à l'érection de nombreux couvents et églises, reçut, dit-on, sous sa tutelle les Tsiganes qui vinrent s'offrir volontairement à lui durant une famine. Cette tutelle se changea en esclavage par la suite des temps, et ceux qui erraient encore çà et là dans les Principautés, devinrent ou propriété des particuliers sur les terres desquels ils campaient, ou attachés aux propriétés domaniales et monacales. Longtemps ce droit resta sans contrôle, et les Tsiganes subirent toutes les phases pénibles de l'esclavage qui n'a pour règles que le bon vouloir du seigneur et maître.

Aujourd'hui, des règlements légaux définissent la condition des esclaves. Les Moldaves et les Valaques, qui sont pénétrés de leur origine romaine, et qui demandent pour eux-mêmes des institutions nationales, chrétiens par dessus tout, semblent rougir d'avoir dans leur Code des lois sur l'esclavage.

Ils cèdent à la force de l'habitude ; ils sont les continuateurs de leurs ancêtres ; ils ne voudraient pas, brusquement, perdre des revenus attachés à ce honteux titre de propriété ; mais ils désireraient, nous en sommes sûr, trouver un moyen qui pût, sans atteindre leur fortune, sans enlever des bras précieux au pays, leur donner le droit de céder aux pensées généreuses qui les dominent.

Ce dénoûment plein de périls, qui les menace et qu'ils ont prévu, ils ont un moyen facile de le conjurer; ce moyen, ils l'ont trouvé : c'est le rachat par l'État du droit de capitation et de propriété établi sur les Tsiganes. Déjà cette mesure a reçu quelque sanction : bon nombre d'esclaves ont été rendus à la liberté; beaucoup de boyards sont venus volontairement céder leurs titres. Mais des actes isolés n'ont pas la valeur de principes généraux obligatoires. Cette généreuse initiative a trouvé trop peu d'imitateurs. Une mesure générale peut seule être véritablement efficace.

VII

Les lois qui régissent les Tsiganes de la Moldo-Valachie sont certainement loin d'offrir le caractère absolu des vieilles lois romaines sur l'esclavage; mais elles renferment encore dans leur principe un droit contre la nature, et semblent surtout trop se préoccuper de garantir les droits du maître sur l'esclave.

En voici la substance d'après le Code civil de la Moldavie :

« CHAP. Ier, § 27. Quoique l'esclavage soit contre « le droit naturel de l'homme, il a été néanmoins « pratiqué dans cette principauté, non pas comme « chez les Romains, mais avec une grande diffé- « rence, car ici l'autorité du maître ne peut jamais, « et sous aucun prétexte, s'étendre sur la vie de

« l'esclave, mais sur sa fortune, et alors seulement
« qu'il n'aura pas d'héritiers légitimes, ou qu'en
« fuyant, sans jamais revenir, il aura nui ou causé
« des pertes à son maître, soit par vol, soit par d'au-
« tres mauvaises actions.

« D'où il suit que l'esclave n'est en rien regardé
« comme une chose, autant que ses actions, ses en-
« gagements, ses droits et ses obligations concernent
« les autres à l'exception de son maître.

« Il est regardé comme une personne, et comme
« tel, l'esclave est soumis aux lois du pays et est dé-
« fendu par elles.

« CHAP. II, § 154. Une union légitime ne peut
« avoir lieu entre des hommes libres et des esclaves.

« § 155. Si un homme libre s'est marié, par
« ignorance, avec une esclave, l'union ne doit pas
« être brisée, s'il veut ou s'il est en état de payer le
« prix de l'esclave à son maître, dans le cours de
« trente années, à compter du jour où elle se sera
« soustraite au pouvoir de son maître.

« On agira de même lorsqu'une femme libre se
« sera mariée, par ignorance, avec un esclave.

« § 157. Si un homme libre s'est marié sciem-
« ment avec une esclave, il sera non-seulement forcé
« de divorcer, mais il payera même, en punition, à
« la caisse des grâces, le prix de la femme esclave,
« qui restera au pouvoir de son maître, si celui-ci ne

« veut pas l'affranchir ou en recevoir le prix de son
« mari libre.

« On agira de même pour la femme qui, avec
« connaissance de cause, se sera mariée avec un es-
« clave.

« § 158. Si le maître permet à un de ses esclaves
« de se marier avec une femme libre, ou à une de
« ses esclaves de se marier avec un homme libre, ou
« s'il est prouvé qu'un pareil mariage a eu lieu avec
« sa permission ou connaissance, non-seulement ce
« maître sera privé de son esclave, qui restera libre
« et ne divorcera pas, mais même on lui fera des re-
« proches pour servir d'exemple.

« § 160. Les enfants d'un pareil mariage sont
« pour toujours reconnus libres, soit que leur père
« ou leur mère fût libre, soit que le mariage se soit
« accompli avec ou sans la connaissance du maître,
« parce que la liberté a toujours un plus grand
« poids, et que l'humanité prévaut dans un pareil
« cas, tant à cause de la loi ecclésiastique que de la
« loi naturelle.

« § 161. Les esclaves venus des États étrangers,
« qui, d'après l'ancien usage du pays, appartiennent
« de droit au gouvernement, en se mariant avec des
« personnes libres, que celles-ci connaissent ou non
« leur état, deviennent aussi libres ; leur mariage
« est valable, et personne ne doit l'attaquer.

« § 162. Le mariage entre esclaves ne peut avoir
« lieu sans le consentement et la permission du
« maître.

« § 174. Le prix des esclaves doit être fixé par le
« tribunal, d'après leur âge, leur habileté et leur
« profession.

« § 176. Si quelqu'un a eu une esclave pour
« concubine, et que jusqu'à la fin de sa vie il ne
« l'ait pas affranchie, elle deviendra libre après la
« mort de celui-ci ; et s'il a eu d'elle des enfants, eux
« aussi ils seront libres.

« § 178. Les maîtres des esclaves et leurs héri-
« tiers légitimes, d'après l'usage du pays, peuvent
« toujours, et de qui que ce soit, réclamer les escla-
« ves fugitifs, car la prescription n'est pas admise
« pour les esclaves dans la Moldavie.

« § 179. Les esclaves affranchis peuvent se ma-
« rier, sans aucun empêchement, avec ceux qui
« sont libres de naissance ; mais l'affranchi ne peut
« pas s'unir avec la fille, la nièce ou toute autre pa-
« rente de son patron, c'est-à-dire de l'ancien maî-
« tre qui l'a affranchi, ni avec la fille d'une personne
« noble. »

Par le même règlement (chap. XVI, § 1020),
« l'esclave ne peut recevoir ni refuser un héritage à
« l'insu de son maître ; et, par le droit coutumier,
« il peut avoir à lui une maison, un jardin, un
« magasin, mais pas de fermes ou grandes terres. »

Le plus simple examen des divers articles de ce
règlement nous fait bien reconnaître quelques pensées généreuses, mais il donne aux droits du maître
une puissance trop étendue.

Ainsi le § 162 ordonne formellement le consentement du maître pour le mariage des Tsiganes. Sans doute le législateur a eu en vue une tutelle protectrice, mais cette mesure peut souvent devenir oppressive.

Le § 1020 défend à un esclave de recevoir une succession sans l'autorisation de son maître. Ce contrôle doit trop souvent conduire l'esclave à un partage de la succession avec son maître. N'y a-t-il pas là un abus criant?

Par le § 178, la prescription n'est pas reçue en Moldavie à l'égard des Tsiganes. Cependant, tous les peuples qui ont emprunté les principes de leurs lois au code Justinien admettent la prescription en cas de criminalité. C'est une sorte de sanction divine qui fait fléchir la justice; et ce pardon est d'accord avec les sentiments humains.

Le § 176 accorde la liberté à toute esclave concubine de son maître après la mort de celui-ci. Cette pensée généreuse doit éprouver de grandes difficultés dans son exécution. Qui reconnaîtra le concubinage? Ce ne seront point les parents, les héritiers, car ce serait un aveu d'immoralité. Iraient-ils se priver d'un droit par un pareil aveu? La concubine osera-t-elle venir réclamer sa liberté au prix de la honte? Faudra-t-il qu'elle en donne la preuve? et puis connaît-elle le droit qui lui est acquis?

Le législateur a évidemment eu simplement pour but de conseiller à tout maître d'accorder, par titres, la liberté à sa concubine; et, pour en assurer l'exécution contre le mauvais vouloir possible des héritiers, il déclare que ces titres auront force de loi à la mort du signataire; voilà tout le sens de ce paragraphe.

Le Code de la Valachie, quoique plus succinct, renferme les mêmes principes. Nous y lisons :

« Art. 2. Les Tsiganes naissent seulement es-
« claves.

« Art. 3. Celui qui naît d'une mère esclave de-
« vient aussi esclave.

« Art. 4. Le maître n'a pas de droit sur la vie de
« son esclave.

« Art. 5. Le droit du maître de l'esclave se borne
« à le vendre ou à le donner.

« Art. 6. Les Tsiganes sans maître sont esclaves
« du prince.

« Art. 10. Le mariage est reconnu parmi les es-
« claves.

« Art. 11. La séparation est prononcée lorsque le
« mariage a eu lieu entre une esclave et un homme
« libre à l'insu du maître. »

On n'admet point, dans la Valachie, qu'un homme libre, sans titres de noblesse, puisse devenir acqué-reur d'esclaves ; mais on tolère la donation et l'ac-ceptation, et, grâce à cette latitude, il s'opère des ventes réelles.

VIII

Voilà donc les lois ou règlements qui régissent les Tsiganes en Moldavie et en Valachie. Nul d'entre ces esclaves n'en a connaissance, ni pour la forme, ni pour le fond. Habitués, dans tous les actes de la vie, à se plier aux volontés de leur maître, s'il s'en trouvait qui désirassent, pour le redressement de leurs griefs, un autre juge, ils n'oseraient, par crainte ou par ignorance, s'adresser aux tribunaux.

Ces Tsiganes se divisent en deux classes : les *nomades* et les *sédentaires*. Sauf ceux de cour (*de courté*), c'est-à-dire attachés au service personnel du maître, ils sont tous soumis à un droit annuel de capitation. Cet impôt a pour base l'aptitude et le métier du Tsigane : un *vatafe*, ou surveillant supérieur, est ordinairement chargé du recouvrement des impôts et de la discipline des esclaves; il a pour attributs de sa puissance un fouet à lanières; si son autorité est méconnue, il en informe l'administration de la police. Ces cas sont rares, car les esclaves sont plus bruyants que méchants, plus bavards que querelleurs.

Les Tsiganes de cour sont généralement corrompus et paresseux : le désœuvrement et le relâchement des mœurs orientales agissent fortement sur ces natures impressionnables et ignorantes. Ils se classent ordinairement par *nids* (ou familles); grands et petits, jeunes et vieux, tous ont dans la maison du maître une fonction spéciale : cocher, domestique de ville, allumeur de tschibousk, porteur d'eau, cuisinier. Les femmes sont lingères (*spalatores*). Il n'est pas rare de trouver dans la demeure d'un boyard plusieurs *nids* de Tsiganes, dont les divers membres s'élèvent à quarante et cinquante. Le maître les nourrit, les habille; souvent même, par les *batchis* (pourboires), ils récoltent un salaire bien supérieur à celui des domestiques à gages que l'on emploie en France.

Les fonctions qu'ils remplissent leur laissent beaucoup de temps ; ils l'emploient le plus ordinairement à dormir dans les cours ou sur le seuil des demeures de leurs maîtres, ou au *kirchouma*.

Jeunes, ils sont tous doués d'une intelligence rare; mais cette intelligence, par défaut de culture, se perd ou se déprave. Les femmes ne sont pas sans charmes et sans coquetterie à l'âge de puberté; mais, semblables aux fleurs dont elles ornent leurs chevelures, elles se fanent promptement. On ne saurait, du reste, avoir sur elles la même opinion qu'a l'historien Cantu sur la *Gitana* espagnole, qu'il croit fidèle à la foi conjugale.

La classe active, nerveuse des Tsiganes, quoique soumise à l'intempérie des saisons, et en proie à tous les coups du malheur, est celle des Tsiganes nomades. Ils sont nombreux, et les industries et métiers qu'ils professent sont infinis; les principaux sont :

Les *Zidari* (maçons), qui campent habituellement près de leurs chantiers, sous des cabanes faites avec quelques matériaux d'échafaudage. Chaque cabane renferme un nid ou famille. Un cochon, attaché à un pieu, se vautre près du nid, dans les immondices, pendant qu'une multitude d'enfants nus grouillent, gambadent sous la surveillance d'une vieille Tsigane qui fume paisiblement le *lechesth*, dans une pipe à tuyau de bois ou de roseau. La nourriture des *Zidari* est la mamaligne, les entrailles des animaux, les oignons. Le cochon est une réserve pour l'hiver, durant le chômage.

Les *Spoitori* (étameurs) ont, comme les gens de beaucoup d'autres professions, un *cri* particulier, pour annoncer leur passage dans les rues. Ils se mettent habituellement dans une cour ou sur une place publique pour exécuter leur travail. Chez eux, les pieds jouent un rôle aussi important que les mains dans le fourbissage des ustensiles de cuisine.

Les *Kirpatchi* (savetiers) se mettent aux coins

des rues, sur une sellette, ou sous les porches des khans.

Les femmes vendent des *bidinelés* (petits balais), lavent et blanchissent les maisons.

Les Tsiganes nommés *Roudari* ou *Aourari* s'occupent à extraire l'or du sable des rivières.

Du temps de Cantemir, l'impôt des orpailleurs produisait annuellement *mille six cents drachmes*, et la princesse Rakowitza reçut, en Valachie, de ses Roudari, *douze cent cinquante-quatre drachmes* pendant l'année 1764.

Voici comment les orpailleurs procèdent pour le lavage de l'or : après avoir transporté dans des *albiés* et *copaies* (petites et grandes auges) tout le sable qu'ils supposent contenir des grains d'or, ils placent la totalité dans un *ais* de bois de tilleul ou de sapin, long de six à huit pieds, sur trois ou quatre de large, dont le bout supérieur est évasé en forme de plat et duquel partent un grand nombre de rainures obliques.

L'*ais* est placé dans une position légèrement inclinée. On met sur ce sable une certaine quantité d'eau qui enlève les couches légères, et l'on presse au fond, avec la main, les parties lourdes. Toutes les parcelles qui, dans l'écoulement de l'eau se sont arrêtées dans les rainures, sont jetées dans un vase de terre plat, puis triées de nouveau et replacées dans une *copaie* où l'or se trouve enfin dégagé de toute matière étrangère.

Quelques orpailleurs tendent au-dessus de l'*albié*

un morceau d'étoffe de laine, et jettent ensuite ce sable mêlé d'or et d'eau ; s'il existe dans le sable des grains de métal, ils restent fixés à la laine.

Le prince Demidoff, dans son *Voyage dans la Russie méridionale*, parlant des Roudari de la Valachie, s'exprime en ces termes sur les Tsiganes :

« Mais les hôtes solitaires de ces rives qui nous
« ont le plus particulièrement intéressés, ce sont les
« *orpailleurs;* dispersés sur les îles ou sur les grèves
« isolées, ces pauvres gens recueillent, en lavant in-
« cessamment les sables du Danube, les parcelles
« d'or que le fleuve a charriées. »

Pour le lavage, on trouve encore cette descrip-
tion :

« Sur un plan incliné, revêtu d'un feutre ou d'un
« drap grossier, on fait couler constamment de l'eau
« qui a passé à travers un amas de sable et de gra-
« vier amoncelé sur une claie, à la partie supérieure
« de la machine ; les paillettes microscopiques du
« précieux métal restent ainsi arrêtées dans le tissu.
« Nous avons été voir de près ces bonnes gens
« qui, sans autre abri que leur vaste coiffure, s'a-
« donnent à cet interminable travail. Notre guide
« nous assura que ces hommes qui travaillent tout
« le jour, exposés à l'inclémence de l'air, ont peine
« à gagner, par chaque journée, la valeur de 15 sous
« de France. »

Le point difficile n'est pas le lavage, mais le

choix des lieux qui recèlent l'or; et les Tsiganes, semblables aux Indiens, excellent dans cette découverte.

Le *Kovatsch* (forgeron) marche toujours assisté d'un compagnon qui porte le soufflet. Sans avoir des connaissances bien étendues dans cette profession, il travaille avec promptitude et dextérité.

Les *Oursari* vont de village en village promener des ours, danser la *tánáná* en sollicitant la générosité des spectateurs. Les montagnes des Karpaths. qui séparent la Valachie de la Transylvanie, fournissent à ces Tsiganes des oursons qu'ils dressent à la danse dite *oursareasca*.

Les *Laoutari* (musiciens) sont en très-grand nombre dans les Principautés. On les appelle dans toutes les réjouissances de famille; ils font oublier, par leurs chants, les souffrances de la patrie et jettent souvent, par le souvenir des ballades antiques, l'espérance au cœur de ces Roumains si fiers de leur origine.

La flûte de Pan, la mandoline, le violon, sont les instruments des *Laoutari*. Plusieurs de ces Tsiganes sont arrivés à une célébrité locale : *Boulan*, *Ionique*, *Dimitraki*, jouissent à Bucharest d'une certaine vogue.

Anasthasi (le mustkaladjiou) est un artiste dont le talent est fort apprécié.

Plusieurs Tsiganes se sont acquis, dans cette même capitale de la Valachie, une certaine réputation comme orfévres.

A la ville comme au village, les Roumains bercent avec amour leur imagination aux sons mélancoliques des *Laoutari*, et lorsque, de retour de lointaines contrées où ils sont allés chercher d'autres émotions, ils remettent les pieds sur la *Tsara Roumaneasca*, leurs yeux se mouillent de larmes en entendant les chants du pays. Et ce tendre sentiment qu'ils éprouvent en retrouvant la patrie, ce doux battement de cœur qui leur dit qu'ils sont un peuple, une nation parmi les enfants de Dieu, ils le doivent souvent à un esclave, qui, lui aussi, doit pourtant avoir un cœur, une âme, un Dieu!

Les femmes et les filles des Tsiganes nomades s'emploient également à divers travaux : elles sont tricoteuses, cardeuses de matelas.

Sous la tente nommée *corte*, placée à la surface du sol, ou dans le *bordeits* creusé dans les entrailles de la terre, en tous lieux, par les rigueurs de l'hiver comme par un soleil brûlant, on rencontre, dans les Principautés, de pauvres Tsiganes qui demandent au travail une vie paisible, le moyen de s'élever à la hauteur des autres hommes.

Venus de l'Hindoustan comme *parias*, ils se croient encore voués au malheur, après avoir embrassé le christianisme! Et pourtant cette religion leur enseigne que le Sauveur s'est également dévoué pour racheter tous les hommes! La religion du Christ ne serait-elle donc le culte de la Rédemption que dans la mort et non dans la vie? Si les hommes sont frères devant Dieu, ne sauraient-ils se traiter en frères sur la terre? N'est-ce pas ainsi que les nations les plus avancées ont compris leurs devoirs sociaux? S'il y a parmi elles des inégalités individuelles, tout tend du moins à effacer les inégalités de races. Que les peuples au milieu desquels vivent isolés les infortunés Tsiganes s'empressent donc de relever ces races déchues de leur long abaissement!

FIN.

PARIS. — IMP. SIMON RAÇON ET COMP., RUE D'ERFURTH, 1.